Notes:

Notes:

Notes:

Notes:

Notes:

Notes:

Notes:

Notes:

Notes:

Notes: _____

Notes: _____

Notes:

Notes: _____

Notes:

Notes:

Notes:

Notes:

Notes:

Notes:

Notes:

Notes:

Notes: _____

Notes:

Notes:

Notes: _____

Notes:

Notes:

Notes: _____

Notes:

Notes:

Notes:

Notes:

Notes:_____

Notes:

Notes:

Notes: _____

Notes:

Notes:

Notes: _____

Notes:

Notes:_____
_____

Notes:_____
_____

Notes:_____

_____

Notes:_____
_____

Notes:_____

_____

Notes:_____
_____

Notes:_____
_____

Notes:_____

_____

Notes:_____
_____

Notes:
_____
_____

Notes: _____

_____

Notes:_____
_____

Notes:_____

_____

Notes:_____

_____

Notes:

Notes:_____
_____

Notes:_____

_____

Notes: _____

_____

Notes:_____

_____

Notes:_____
_____

Notes:_____

_____

Notes:_____

_____

Notes:_____
_____

Notes:_____
_____

Notes:_____

_____

Notes:_____

_____

Notes:

Notes:_____

_____

Notes:

Notes:_____
_____

Notes:_____

_____

Notes:_____

_____

Notes:_____

_____

Notes:_____

_____

Notes:_____

_____

Notes:_____

_____

Notes: _____

_____

Notes: _____
_____

Notes:_____

_____

Notes:

www.ingramcontent.com/pod-product-compliance
Lightning Source LLC
Chambersburg PA
CBHW081134170526
45165CB00008B/2668